청소년 새가족부 성경공부 교재 1

반갑다, 친구야!

새생명편

좋은씨앗

청소년 새가족부 성경공부 교재 ❶ 새생명편

반갑다, 친구야!<학생용>

초판 1쇄 발행_ 2007년 12월 20일
초판 12쇄 발행_ 2022년 6월 10일

지은이_ 좋은씨앗 교재연구팀
펴낸이_ 신은철
펴낸곳_ 좋은씨앗
출판등록_ 제4-385호(1999.12.21)
주소_ 서울시 서초구 바우뫼로 156, MJ 빌딩 402호
주문전화_ 02-2057-3041 주문팩스_ 02-2057-3042
페이스북_ facebook.com/goodseedbook
이메일_ good-seed21@hanmail.net

ISBN 978-89-5874-096-4 04230
ISBN 978-89-5874-095-7 (세트)

차례

이 교재를 사용하기 전에

이 교재는 복음의 기초를 '교제'라는 관점에서 다루고 있습니다. 딱딱하고 어렵기만 했던 복음을 청소년의 눈높이에 맞게 소개하고 있습니다. 4주간의 과정을 통해 성경 속에 감춰진 비밀을 알아봅시다.

교재의 특징

1. 이 교재는 교회에 처음 나온 새친구들이 복음을 쉽게 이해할 수 있게 제작되었습니다. 선생님과 일대일, 또는 소그룹에서 자유롭게 사용하십시오.
2. 이 교재는 교회에 오랫동안 다닌 친구들에게도 유익하게 사용될 수 있습니다. 이 교재를 통해 자신이 알고 있는 복음의 내용을 체계적으로 다지고 하나님의 사랑을 마음 깊이 받아들이길 바랍니다.
3. 이 교재는 청소년들의 눈높이에 맞게 제작되었습니다. 특히 본문의 핵심 내용을 담은 만화와 다양한 활동을 담은 쉬어가기 코너를 적극 활용하길 바랍니다.

교재의 구성

각 과는 다음과 같이 구성되어 있습니다.

대화가 필요해 : TALK ABOUT U

본격적인 성경공부에 앞서 마음을 열고 오늘의 주제에 대해 생각해 보는 시간입니다. 〈대화가 필요해〉에 주어진 질문에는 정답이 없습니다. 최대한 자유롭고 솔직하게 자신의 생각을 나누어 보세요. 선생님과 친구들과 한층 가까워지는 걸 느낄 수 있을 거예요.

생각해보기 : THINK ABOUT

복음의 핵심에 대해 공부하는 시간입니다. 먼저 만화를 함께 읽으면서 오늘의 핵심 내용을 살펴본 후 질문에 들어갑니다. 질문은 대개 만화에서 보았던 내용이나 주어진 성경구절을 보면 누구나 답할 수 있게 구성되었습니다. 선생님과 함께 질문에 대한 답을 찾아보세요. 몰랐던 성경의 비밀을 이해하게 될 거예요! 대부분 성경구절은 개역개정을 사용했으며, 다소 어려운 구절은 쉬운성경을 사용했습니다.

요점이 뭐야 : CATCH POINT

오늘 배운 내용을 정리하는 시간입니다. 함께 읽으면서 핵심 내용을 되짚어 보는 시간을 가지세요.

쉬어가기 : TAKE A BREAK

즐거운 활동을 통해 머리를 식혀 볼까요? 활동은 각 과마다 다릅니다. 찬양을 배울 때도 있고, 만화를 보거나 기질 테스트를 하기도 하죠. 선생님과 친구들과 함께 즐거운 시간을 가지세요. 공과공부 시간이 짧아 선생님과 함께 하지 못했다면, 집에서 혼자 해보는 것도 괜찮습니다.

나는요

* 이름은?
* 학교와 학년은?
* 사는 곳은?
* 전화번호는?
* 메일주소는?
* 홈페이지는?
* 별명이 있다면?
* 혼자 있으면 뭐해?
* 자신의 장점과 단점은?
* 교회에 나오게 된 동기는?

나는요

* 이름은?
* 학교와 학년은?
* 사는 곳은?
* 전화번호는?
* 메일주소는?
* 홈페이지는?
* 별명이 있다면?
* 혼자 있으면 뭐해?
* 자신의 장점과 단점은?
* 교회에 나오게 된 동기는?

나는요

* 이름은?
* 학교와 학년은?
* 사는 곳은?
* 전화번호는?
* 메일주소는?
* 홈페이지는?
* 별명이 있다면?
* 혼자 있으면 뭐해?
* 자신의 장점과 단점은?
* 교회에 나오게 된 동기는?

나는요

* 이름은?
* 학교와 학년은?
* 사는 곳은?
* 전화번호는?
* 메일주소는?
* 홈페이지는?
* 별명이 있다면?
* 혼자 있으면 뭐해?
* 자신의 장점과 단점은?
* 교회에 나오게 된 동기는?

Session 1

나를 만드신 하나님

대화가 필요해 : TALK ABOUT U

누군가와 교제한다는 것은 친구가 된다는 것입니다. 사소한 잡담에서 진지한 비밀 얘기까지 서로의 삶을 나눈다는 의미죠. 당신이 마음을 나누고 있는 친구를 떠올려보세요. 그 친구에 대해 이야기해볼까요?

●● 그 친구의 별명은 무엇인가요?

●● 그 친구와 있었던 재미있는 추억은 무엇인가요?

●● 그 친구에게 가장 고마웠던 일은 무엇인가요?

남들이 모르는 나의 마음을 알아주고 나를 소중히 여겨주는 친구. 오늘 당신과 그런 친구가 되고 싶어하는 한 분을 소개할까 합니다. 당신이 태어나기 전부터 당신을 알고 기다려온 분, 당신을 소중히 여기고 사랑하시는 분. 바로 하나님입니다.

하나님은 왜 당신과 친구가 되고 싶어 하시는 걸까요?
하나님에 대해 소개하고 있는 성경에서 그 해답을 찾아볼까요?

생각해보기 : THINK ABOUT

성경은 하나님이 우주 만물을 창조하시는 이야기로 시작됩니다. 하나님은 우리가 헤아릴 수 없는 지혜로 세상을 창조하셨지요

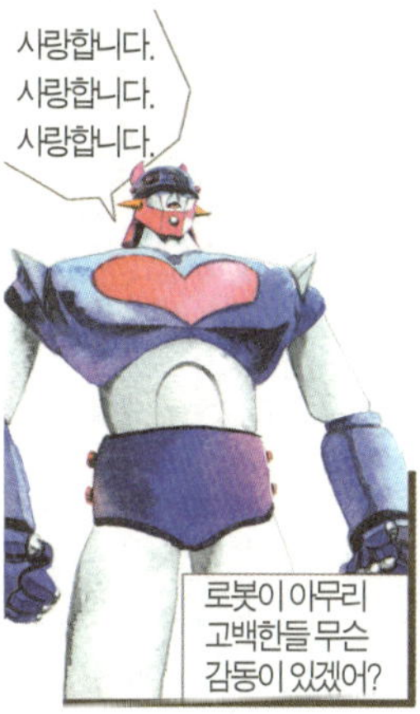
사랑합니다.
사랑합니다.
사랑합니다.
로봇이 아무리 고백한들 무슨 감동이 있겠어?

하지만 사람은 다르지?
사랑해

하나님은 자신을 닮은 사람을 창조하시고 더욱 기뻐하셨어.
사람에게 세상을 다스릴 권세를 주시고, 교제를 나누길 원하셨지.

1 하나님은 다른 만물과는 달리 유독 사람을 만드신 후에 무척 만족스러워하십니다. 그 이유가 뭘까요? 아래 성경구절의 빈 칸을 채우며 답을 찾아볼까요?

하나님이 (　　　), 곧 하나님의 (　　　) 대로 사람을 창조하시되 남자와 여자를 창조하시고(창 1:27).

2 하나님께서는 수많은 창조물 가운데 사람만을 하나님의 모습대로, 하나님을 닮게 만드셨습니다. 하나님을 닮은 존재로 지어졌다는 건 무슨 뜻일까요? 또 그렇게 만드신 목적은 무엇일까요?

여러분을 부르셔서 그의 아들이신 우리 주 예수 그리스도와 사귐을 갖게 하신 하나님은 신실하십니다(고전 1:9, 쉬운성경).

하나님에게 사람은 여러 동식물과는 다른 특별한 존재였습니다. 하나님은 우리를 만들 때 하나님의 형상대로 즉, 하나님을 닮은 존재로 만드셨지요. 그래서 우리에게는 생각하는 능력, 창조력, 양심, 종교성 등이 있습니다. 하나님께서 사람에게 이런 능력을 주신 것은 사람과 교제를 나누기 위해서였습니다. 하나님을 닮아 인격을 가진 사람만 하나님을 찬양하고 사랑할 수 있었지요.

3 지금까지 우리는 사람을 창조하신 하나님이 사람과 교제하길 원하셨다는 것을 배웠습니다. 그렇다면 하나님은 당신에 대해서는 어떤 마음을 갖고 계실까요?

주께서 나의 가장 깊은 곳에서 나를 지으셨으며, 나의 어머니의 뱃속에서 나를 만드셨습니다 내가 주를 찬양합니다. 이는 내가 신기하고 놀랍게 만들어졌기 때문입니다(시 139:13, 14, 쉬운성경).

그가 너로 말미암아 기쁨을 이기지 못하시며 너를 잠잠히 사랑하시며 너로 말미암아 즐거이 부르며 기뻐하시리라(습 3:17).

4 당신은 하나님께서 특별한 목적을 갖고 지으신 존재입니다. 하나님은 당신과 특별한 교제를 나누길 원하십니다. 그 하나님에 대해 좀더 알아가고픈 마음이 있나요?

아니오 ← → 예

1 2 3 4 5 6 7 8 9 10

요점이 뭐야 : CATCH POINT

1. 하나님은 사람을 하나님의 형상대로 만드셨습니다.
2. 하나님의 형상대로 창조된 사람은 하나님과 교제할 수 있는 유일한 존재입니다.
3. 당신은 하나님과 교제할 수 있는 존귀한 사람입니다. 하나님은 당신과 사랑을 나누길 원하십니다.

쉬어가기 : TAKE A BREAK

선생님과 함께 불러 봅시다! ♬

당신은 사랑받기 위해 태어난 사람

이민섭

청소년 새가족부 성경공부 교재 ❶ ● *Session* 2

하나님과 헤어진 나

대화가 필요해 : TALK ABOUT U

가끔 우리는 친하게 지내는 친구와 멀어질 때가 있습니다.
사소한 일로 다투다가 서먹해지기도 하고, 때론 아예 절교하기도 합니다.

●● 친한 친구와 멀어져본 일이 있나요? 어떤 일로 멀어지게 되었나요?

지난 주에 살펴보았듯 하나님은 우리와 교제를 나누길 원하셨습니다.
그러나 하나님과 우리 사이는 완전히 멀어졌지요.
어쩌다 이런 일이 일어난 걸까요?

생각해보기 : THINK ABOUT

하나님이랑
같아진다구?
그래!
이젠 네 맘대로
네 뜻대로
살 수 있어!
언제까지
하나님 밑에서
그렇게
살래?
!?
꺄
악
!
하나님과 멀어짐
미움
죄책감
죽음

1 만화를 보고 아래 빈칸을 채워보세요. 하나님과 사람의 관계는 왜 끊어지게 되었나요?

하나님의 명령	사탄의 거짓말	사탄의 거짓말을 믿음 →	죄의 결과

* * *

하나님께서 사람을 만드셨을 때, 사람은 죄가 하나도 없었습니다. 하지만 하나님과 같아질 수 있다는 유혹에 넘어갔습니다. 즉, 하나님을 떠나서 자기 뜻대로 살겠다고 결정한 것입니다.

이처럼 하나님 없이 혼자 살 수 있다고 여기는 마음에서 죄가 시작되었습니다. 죄인이 된 사람은 하나님과 교제할 수 없게 되었습니다. 의로운 하나님은 죄인과 함께할 수 없으시기 때문입니다.

2 하나님과 관계가 단절된 후, 사람들에게 큰 변화가 일어났습니다. 사람들은 하나님을 잃어버렸고 더 이상 자신의 주인으로 인정하지 않았죠. 그런 사람들은 어떤 삶을 살게 되었을까요?

그들은 온갖 불의와 악행과 탐욕과 악독으로 가득 찬 사람들입니다. 또한 시기와 살인과 다툼과 속임과 적의로 가득 찼으며 남에 대해 말하기를 좋아하고, 남들을 비방하고, 하나님을 미워하며, 거만하고 건방지며, 뽐내기를 잘합니다. 그들은 악한 일을 계획하고 부모님께 순종하지 않습니다. 그들은 양심도 없으며, 약속을 지키지 않으며, 친절하지도 않고, 동정심도 없습니다(롬 1:29~31, 쉬운성경).

나에게도 이런 모습이 있나요? 나에게 해당되는 내용이 있다면 O표를 쳐보세요.

3 그렇다면 우리가 먼저 하나님께 화해의 손길을 내밀면 안 될까요? 우리 스스로 하나님께 나아갈 수는 없을까요?

여호와의 손이 짧아 구원하지 못하심도 아니요, 귀가 둔하여 듣지 못하심도 아니라. 오직 너희 죄악이 너희와 너희 하나님 사이를 갈라 놓았고 너희 죄가 그의 얼굴을 가리어서 너희에게서 듣지 않으시게 함이니라(사 59:1~2).

정도의 차이는 있지만 모든 사람이 죄를 지었습니다. 거룩한 하나님은 죄와 함께할 수 없습니다. 죄 때문에 우리는 하나님과 함께할 수 없습니다.

4 우리는 하나님을 떠났지만 하나님은 우리와 다시 교제하길 원하십니다. 하나님은 우리가 죄 때문에 죽는 게 아니라 하나님과 영원히 행복하게 교제하길 원하십니다. 당신의 마음은 어떤가요? 하나님과 화해하고 싶나요?

아니오 ← → 예

1 2 3 4 5 6 7 8 9 10

요점이 뭐야 : CATCH POINT

1. 사람이 죄를 지어 하나님과 더 이상 교제할 수 없게 되었습니다.
2. 하나님 없는 삶은 죄와 고통이 가득한 삶입니다.
3. 죄 때문에 사람은 자기 힘으로 하나님께 나아갈 수 없습니다.

쉬어가기 : TAKE A BREAK

* DISC 성격유형 테스트 *

DISC는 우리들의 성격을 구성하는 핵심 4개 요소를 말합니다. 간단한 검사를 통해 자신의 성격과 장점을 발견하고, 서로를 이해하는 시간을 가져봅시다. 각 문항에 주어진 네 단어 가운데 자신에게 해당하는 단어를 하나씩 체크하세요.

	a	b	c	d
①	절제하는	강력한	꼼꼼한	표현력 있는
②	개척적인	정확한	흥미진진한	만족하는
③	기꺼이 하는	활기 있는	대담한	정교한
④	논쟁을 좋아하는	회의적인	주저하는	예측할 수 없는
⑤	공손한	사교적인	참을성 있는	무서움을 모르는
⑥	설득력 있는	독립심이 강한	논리적인	온화한
⑦	신중한	차분한	과단성 있는	파티를 좋아하는
⑧	인기 있는	고집 있는	완벽주의자	인심 좋은
⑨	변화가 많은	수줍음 타는	느긋한	완고한
⑩	체계적인	낙관적인	의지가 강한	친절한
⑪	엄격한	겸손한	상냥한	말주변이 좋은
⑫	호의적인	빈틈 없는	놀기 좋아하는	의지가 강한
⑬	참신한	모험적인	절제된	참여하는
⑭	잠는	성실한	공격적인	매력 있는
⑮	열정적인	분석적인	동정심이 많은	단호한
⑯	지도력 있는	충동적인	느린	비판적인
⑰	일관성 있는	영향력 있는	생기 있는	느긋한
⑱	유력한	친절한	독립적인	정돈된

⑲	이상주의적인	평판이 좋은	쾌활한	솔직한
⑳	참을성 없는	진지한	미루는	감성적인
㉑	경쟁심 없는	자발적인	충성스러운	사려 깊은
㉒	희생적인	이해심 많은	설득력 있는	용기 있는
㉓	의존적인	변덕스러운	절제력 있는	용기 있는
㉔	포용력 있는	전통적인	사람을 부추기는	이끌어가는

a~d 중 자신이 체크한 항목이 무엇인지 아래에 O표 하세요. 그리고 D, I, S, C 각각 몇 개를 O표로 했는지 합산해보세요. 어떤 항목에서 가장 높은 점수를 받았나요? 자신이 D, I, S, C, 가운데 어떤 형인지 확인해보세요.

	D	I	S	C
①	b	d	a	c
②	a	c	d	b
③	c	b	a	d
④	a	d	c	b
⑤	d	b	c	a
⑥	b	a	d	c
⑦	c	d	b	a
⑧	b	a	d	c
⑨	d	a	c	b
⑩	c	b	d	a
⑪	a	d	c	b
⑫	d	c	a	b
⑬	b	a	d	c
⑭	c	d	b	a

⑮	d	a	c	b
⑯	a	b	c	d
⑰	b	c	d	a
⑱	c	a	b	d
⑲	d	b	c	a
⑳	a	d	c	b
㉑	a	b	c	d
㉒	d	c	a	b
㉓	d	b	a	c
㉔	d	c	a	b
계				

D형 - Dominance(주도형)

D가 가장 높게 나왔다고요? 어디서든 모임을 이끌어가는 스타일일 확률이 높습니다. D형의 사람들은 주로 지배하고 지시하고 결단력 있고 독재적이며 여간해서 고집이 꺾이지 않는 유형이지요. 때론 조급하고 다른 사람의 감정에 대해 무관심하고 다른 사람에게 많은 요구를 하기도 하지요. "할 수 있어!" "당장 시작하자!"와 같은 말을 자주 합니다. 성경 속의 인물로는 바울과 같은 사람입니다.

D형의 장점은 리더십이 강하다는 것입니다. 결과를 얻기 위해 장애를 극복하고 처리할 줄 압니다. 자율성을 바탕으로 능동적이고 주도적으로 행동하지요. 빠른 의사결정, 도전정신, 모험정신, 자기주장, 결과추구, 추진력 등의 장점을 갖고 있습니다.

단점으로는 D형의 적극적이고 공격적인 행동이 때론 냉정하고 독불장군처럼 비추어진다는 것이죠. 지나치게 완고하거나 조급하게 행동할 수도 있고, 주위 사람들의 의견을 무시할 수 있으니 주의하세요!

I형 – Infulence(사교형)

I가 가장 높게 나왔다구요? 아마 사람들과 사귀길 좋아하는 스스럼없는 성격일 겁니다. I형은 대체로 명랑하고 발랄합니다. 사람들은 I형과 함께 있길 즐거워하지요. 게다가 사람들을 설득하는 능력도 뛰어납니다. 좋은 화술과 유머 감각을 갖고 있어서 사람들의 마음을 쉽게 움직일 줄 안답니다. 성경 인물로는 베드로가 있습니다.

I형의 장점은 현실에 대해 낙관하고 긍정적이라는 면입니다. 또한 감수성이 높아 사람들의 미묘한 감정 변화를 잘 읽고 쉽게 공감합니다. 어떤 낯선 사람과도 쉽게 친해지는 '분위기 메이커' 이기도 하지요. 단점으로는 조급하고 혼자 있지 않으려 하고 산만한 면이 있습니다.

반복적인 일에 싫증내기 때문에 시작한 일을 마무리짓지 못하는 경우도 있지요.

S형 – Steadiness(안정형)

S가 가장 많이 나왔다면, 당신은 따뜻한 미소를 갖고 있을 거예요! S형은 부드럽고 한결같고 안정적인 성격의 소유자이지요. 모임에 협조적이고 맡은 일에 최선을 다하지요. 주위 사람들과 갈등이 일어나는 걸 싫어합니다. 웬만해선 화를 내지 않는답니다. 언제나 주위 사람들을 돕고 지원하며 그들이 하는 이야길 잘 들어줍니다.

S형의 장점은 매우 꾸준하고 성실하며 인내심이 강하다는 데 있습니다. 또 주위 사람들과 조화롭고 원만한 관계를 유지하지요. S형이 쉽게 흥분하거나 화를 내는 일은 좀처럼 없습니다. 온화하고 부드럽고 진지하게 배려하는 성품은 S형의 뛰어난 장점이지요. 단점이라면, 주위 사람들과 갈등을 피하려 하다 보니 너무 쉽게 양보하고 희생한다는 데 있습니다. 혼자서 '속앓이'를 하는 경우도 많죠. 또 주도적이고 단호한 태도, 추진력 등을 갖지 못한 것도 단점입니다. 때론 우유부단하게 비추어지기도 하지요.

C형 – Conscientiousness(신중형)

C가 가장 높게 나왔다면, 당신은 교회 오기까지 아마 많은 고민을 했을 거예요! 매우 조심스러운 성격의 소유자이니까요. C형은 행동하기 전에 충분히 생각한답니다. 실수하는 것을 좋아하지 않기 때문에 몇 번이나 검토하는 데 시간을 들이죠. 미리 계획을 세우고 그 계획을 충실히 따릅니다. C형은 한 마디로 완벽주의자라서 시간이나 약속을 좀처럼 어기지 않는답니다.

C형의 장점은 정확하고 질서정연하다는 점입니다. 공부할 때에도 어떤 기준에 정확히 도달하려고 노력하지요. 일을 추진할 때도 매우 계획적이고 치밀하며 꼼꼼한 모습을 보입니다.

다이어리를 꼼꼼히 정리하는 성격이라면 C형일 확률이 높지요. 단점이라면 높은 기대를 갖고 있어서 자신과 주위 사람들에 대해 매우 비판적으로 행동할 수 있다는 점입니다. 또 고민을 너무 오래하느라 기회를 놓치는 일도 있지요. 주위 사람들에게 차가운 인상을 주어 말을 걸기 어렵게 만들기도 합니다.

3

나를 만나고 싶은 하나님

대화가 필요해 : TALK ABOUT U

학교에서 나와 삼총사처럼 지내던 지우와 현민이. 그만 둘 사이가 멀어져버렸습니다. 지우가 현민이의 새 시계를 빌렸다가 그만 잃어버리고 만 것입니다. 비싼 시계를 사줄 형편이 안 되는 지우가 현민이에게 사과는 했지만, 현민이의 화는 가시질 않네요. 이 둘을 화해시키려면 어떻게 해야 할까요?

1. 지우에게 알바라도 해서 시계값을 돌려주라고 설득한다.
2. 현민이에게 그냥 넘어가라며 핀잔을 준다.
3. 모아두었던 용돈으로 현민이 시계를 내가 대신 사준다.

지난 주에 살펴보았듯, 하나님과 우리 사이도 완전히 멀어졌습니다.

우리의 죄 때문에 하나님과 다시는 교제할 수 없게 되었죠. 하나님과 다시 화해할 수는 없을까요?

생각해보기 : THINK ABOUT

옛날엔 죄없는
동물을 죽였어.
내 죄의 대가를
대신 치르게
한 거지.
그럼 죄를
지을 때마다
동물을?!
이런 내 죄를 대신
책임지기 위해
하나님의 독생자
예수님이
이땅에 오셨어.
하나님의 뜻에 따라
죄없는 예수님께선
우리를 위해
죽으셨지.
이 세상
모든 사람들의 죄를
그 어깨에 얹으시고...
이제 하나님과
인간은 완전히
화해할 수
있게 됐어.

1 하나님이 우리와의 관계를 회복하기 위해 마련한 해결책은 무엇이었나요? 아래 성경구절을 찾아 빈칸을 채워보세요.

하나님이 세상을 이처럼 사랑하사 (   )를 주셨으니 이는 그를 믿는 자마다 (   )하지 않고 (   )을 얻게 하려 하심이라(요 3:16).

2 당신을 위해 대신 죽어줄 수 있는 사람은 얼마나 될까요? 예수님은 당신이 하나님과 화해할 수 있도록 죄값을 대신 치러주셨습니다. 이런 하나님의 사랑을 받아들이길 원하나요?

아니오 ←   → 예

1 2 3 4 5 6 7 8 9 10

그리스도께서는 우리가 아직 죄인 되었을 때에 우리를 위해 죽으셨습니다. 이것으로써 하나님께서는 우리를 향한 그분의 사랑을 나타내셨습니다(롬 5:8, 쉬운성경).

3 하나님의 사랑을 받아들이려면 어떻게 해야 할까요?

✻ ✻ ✻

영접하는 자 곧 그 이름을 믿는 자들에게는 하나님의 자녀가 되는 권세를 주셨으니(요 1:12).

여러분이 만일 여러분의 입으로 "예수님은 주님이시라" 고 고백하고, 또 마음으로 하나님께서 그리스도를 다시 살리신 것을 믿으면 여러분은 구원을 얻을 것입니다(롬 10:9, 쉬운성경).

4 이제 우리는 하나님과 화해할 수 있습니다. 아래의 기도문을 따라 진지하고 솔직하게 기도하면 됩니다.

P.r.a.y

사랑의 하나님.

나 ( )는 예수님이 내 죄를 대신해 십자가에서 죽으셨음을 믿습니다. 그리고 예수님의 죽음으로 제 죄의 문제가 해결되었음을 믿습니다. 지금까지 하나님을 인정하지 않고 제 뜻대로 살아온 저를 용서해주세요. 이제 하나님과 기쁨의 교제를 나누고 싶습니다. 제 마음속에 들어오셔서 제 삶의 주인이 되어주세요.

요점이 뭐야 : CATCH POINT

1. 우리와 화해하기 위해 하나님께서는 독생자 예수님을 이땅에 보내셨습니다.
2. 예수님은 우리를 대신해 십자가에서 죽으셨습니다. 우리 죄의 대가를 대신 치르신 것입니다.
3. 자신이 죄인임을 인정하고 예수님을 받아들이는 사람은 하나님과 화해할 수 있습니다.

쉬어가기 : TAKE A BREAK

ReSurrecti

유대 지도자들과 로마당국은 이 사실을 기억하고 경비병을 예수님의 무덤에 배치했어.
제자들이 예수님의 시체를 훔쳐다가 무덤이 비었으니 그분이 부활한 거라고 헛소문을 퍼뜨릴까 우려했던 거지.
정작 제자들은 모든게 끝났다고 생각하며 겁에 질려 숨어 있었는데 말야.
부활은 상상도 못했어.
그런데 정말 3일 후 예수님이 부활하신 거야.
처음 예수님의 빈무덤을 발견한 여인들이 이 소식을 전할 때에도 제자들은 코웃음을 칠 뿐이었어.

부활하신 예수님? …

그러다 부활하신 예수님을 직접 본 후에야 그분이 정말 하나님의 아들임을 믿게 된 거야.
제자들은 눈으로 목격한 이 사실을 바탕으로 성경을 기록하고 복음을 전했어.
이 사실을 전하다가 다들 목숨을 잃었지.
이들이 목숨을 바쳐가며 복음을 전한 원동력은 뭘까? 로마 제국이 박해에도 신앙을 포기하지 않은 이유가 뭘까?
바로 이 모든 게 그들이 경험한 '진실'이기 때문이었어. 거짓을 위해 목숨을 내놓는 사람은 없을 테니...

4

하나님과 함께하는 나

대화가 필요해 : TALK ABOUT U

벌써 교회에 나온 지 한 달이 되었군요. 우리 교회에 대한 첫인상은 어땠나요? 또 지금까지 교회에 오면서 가장 좋았던 점을 꼽는다면?

① 새로운 친구들을 많이 사귀게 되어 좋다.
② 찬양 시간에 노래를 부르는 게 즐겁다.
③ 전도사님 말씀이 마음에 와닿아서 좋다.
④ 하나님을 알게 되어서 좋다.
⑤ 선생님이 잘해주셔서 좋다.
⑥ 기타

* * *

사람들은 다양한 이유로 교회에 나옵니다. 어릴 때부터 습관적으로 다니는 사람도 있고, 찬양 시간이 좋아서, 친구들이 좋아서, 또는 마음에 평안을 얻으러 오는 사람들도 있지요.

이렇듯 저마다의 이유로 교회에 다니고 있지만, 하나님께서 교회를 만드신 이유에 대해서는 놓치기 쉽답니다. 오늘은 교회가 어떤 곳인지, 교회에 다니며 얻을 수 있는 유익이 무엇인지 알아봅시다.

생각해보기 : THINK ABOUT

서로가 얼마나
좋았던지
날마다 모여
교제를 나눴지.

저들은
어쩜 저렇게
서로를
사랑하는 걸까?
주위 사람들은
놀라워했어.
나도 저 사랑을
배우고 싶어.

그렇게 성장한
교회는 유럽과
아메리카를 건너
우리나라에까지
세워졌어.

1 예수님을 믿을 때 우리는 하나님과 특별한 관계를 맺게 됩니다. 즉, 하나님의 자녀가 되지요. 그리고 그와 동시에 하나님을 믿는 다른 사람들과도 특별한 관계를 맺게 됩니다. 아래 성경구절을 찾아 빈칸을 채우며 어떤 관계를 맺게 되는지 알아볼까요?

우리 많은 사람이 그리스도 안에서 (   )이 되어 서로 (   )가 되었느니라(롬 12:5).

2 이처럼 한 몸이 된 우리의 모임이 바로 교회입니다. 하나님께서 우리를 교회로 부르신 이유가 뭘까요?

성도는 사도와 예언자들이 닦아놓은 기초 위에 세워진 하나님의 집이며, 그리스도 예수께서 친히 그 건물의 머릿돌이 되어주십니다. 건물 전체가 그리스도 안에서 서로 연결되어 주님의 거룩한 성전으로 점점 자라갈 것입니다(엡 2:20, 21, 쉬운성경).

* * *

하나님께서는 우리가 한 몸, 한 성전을 이루길 원하셨습니다. 교회 안에서 하나님을 사랑하고 서로를 사랑하는 법을 배우길 원하셨죠. 그 사랑 안에서 우리는 건강하게 성장할 수 있습니다.

3 그렇다면 교회에서 어떤 활동을 하는지 알아볼까요? 초대교회 사람들을 보면 알 수 있을 거예요.

- 베뢰아에 있는 사람들은 ... 간절한 마음으로 말씀을 받고 이것이 그러한가 하여 날마다 성경을 상고하므로(행 17:11).
- 날마다 마음을 같이하여 성전에 모이기를 힘쓰고 집에서 떡을 떼며 기쁨과 순전한 마음으로 음식을 먹고(행 2:46).
- 그들이 날마다 성전에 있든지 집에 있든지 예수는 그리스도라고 가르치기와 전도하기를 그치지 아니하니라(행 5:42).
- 시와 찬송과 신령한 노래들로 서로 화답하며 너희의 마음으로 주께 노래하며 찬송하며(엡 5:19).

4 하나님께서는 당신을 교회로 부르셔서 함께 교제하길 원하십니다. 앞으로도 교회에 나와 하나님의 사랑에 대해 더 알고 싶은가요?

아니오 ← → 예

1 2 3 4 5 6 7 8 9 10

* * *

교회는 하나님이 우리에게 주신 놀라운 선물입니다 교회를 통해 우리는 하나님과 교제하고 성도들과 사랑을 나누는 축복을 누릴 수 있지요. 말씀을 배우고 예배드리면서 더 성장한 우리는 이 기쁜 소식을 안 믿는 친구들에게도 전해주게 될 것입니다.

요점이 뭐야 : CATCH POINT

1. 하나님께서 우리를 교회로 부르셔서 한 몸 되게 하셨습니다.
2. 교회 안에서 우리는 하나님을 사랑하고 서로를 사랑하는 법을 배울 수 있습니다.
3. 하나님께서는 당신을 교회로 부르셔서 함께 교제하길 원하십니다.

쉬어가기 : TAKE A BREAK

도전! 십자말풀이!

가로

1 아담과 하와가 이것을 먹고 에덴동산에서 쫓겨났지요? '선악을 알게 하는 나무의 과실' 이라는 뜻을 갖고 있습니다. 1과의 만화를 꼼꼼이 읽었다면 누구나 맞출 수 있을 듯!

❷ '기름 부음을 받은 자' 라는 뜻의 헬라어. 구약 시대에는 왕, 제사장, 선지자를 세울 때 기름을 부었답니다. 이 단어는 제사장이자 선지자, 왕으로 우리 구원을 책임지실 메시아를 뜻합니다. 그래서 예수님을 부를 때 예수 ㅇㅇㅇㅇ라고 하죠.

❹ 속박에서 해방되는 것. 성경에서는 죄의 종이었다가 해방되는 것을 말하지요! 청소년들은 공부로부터, 부모님으로부터 이것 하기를 원하겠죠? 요한복음 8장 32절에도 이 단어가 등장합니다.

❻ 예수님의 어머니. 이분을 노래하는 곡을 가리켜 아베 ㅇㅇㅇ라고 합니다. 영화 〈미녀는 괴로워〉에서 김아중이 부른 노래에도 이 단어가 줄기차게 등장한답니다.

❽ 형벌의 집행 기간. 수감자들은 ㅇㅇ를 다 채워야 감옥을 나올 수 있답니다. 탤런트 조ㅇㅇ씨의 이름이기도 하죠! "좌우지 장지지~" 하면 알려나?

❾ 하나님이 사람들에게 베푸시는 은혜를 말합니다. 사람이 사람에게 이것을 빌어주기도 하죠? 하나님이 상대방에게 은혜를 베푸시길 기도하면서 말이죠. 로마서 12장 14절에도 이 단어가 등장합니다.

❿ 하나님의 대표적인 이름. 과거부터 시작해 현재, 미래에 걸쳐 영원히 존재하시는 분이라는 뜻입니다. 이사야 43장 3절에 이 이름이 등장합니다. "대저 나는 ㅇㅇㅇ 네 하나님이요 이스라엘의 거룩한 이요 네 구원자임이라."

⑪ 사람의 말소리나 목소리.

⑭ 놀랍고 신기하게 여기는 걸 말합니다. 영어로는 wonder라고 하죠. ㅇㅇ롭다, ㅇㅇ에 찬 눈으로 바라보다.

⑰ 로마에서 죄수를 고문하고 사형에 처할 때 사용된 나무 형틀. 예수님이 우리를 대신해 이곳에 달려 돌아가셨죠.

⑲ 학생들의 훈육을 담당하는 선생님. 원래는 ㅇㅇㅇㅇ 선생님이라고 부르는데, 줄여서 '학주' 라고도 하죠? 학생들에게 기피대상 1호로 꼽히는 분.

⑳ 시간을 나누어 시간대별로 할 일을 적어두는 표를 말합니다. 학교에선 시간대별로 과목을 적어두기도 하지요. 1교시엔 한문, 2교시엔 수학! 헉!! 숙제 안 했는데!!

세로

❶ 하나님의 특별한 부르심을 받아 하나님의 말씀을 대신 전해주는 사람. 이사야, 예레미야, 엘리야 등이 이 부류에 속하죠. 어렵다고요? 강력 힌트를 드리자면, 이들도 기름 부음을 받았답니다. 가로 2번 문제에 보면 해답이 숨어 있을 텐데~

❷ 나무나 풀을 베고 남은 밑둥. 큰 나무가 베임을 당해도 이 부분은 남아 다시 자라듯, 절망 속에서도 소망을 가지라는 말씀에 등장합니다. 이사야서 6장 13절을 보면 답을 알 수 있을 텐데!

❸ 다람쥐들이 좋아하는 나무의 열매죠. 오늘 선생님과 싸이 일촌

을 맺으면 이거 5개를 쏘신다고 하던데?

⑤ 다섯 명의 멤버 모두 네 자의 이름을 가진 아이돌 그룹의 리더입니다. 얼굴도 잘생기고 춤도 잘 추니 인기가 많을 수밖에!

⑥ 성경 66권 가운데 하나. 세리 출신으로 예수님의 제자가 된 사람이 쓴 복음서입니다. 그럼 당연히 ㅇㅇ복음이겠죠?

⑦ '진실로, 확실히' 라는 의미를 가진 히브리어. 기도나 찬양이 끝날 때 "정말 그렇습니다, 그렇게 되기를 바랍니다" 라는 의미로 덧붙이죠. 기도할 때 어떻게 끝마치는지 잘 생각해보세요. "예수님의 이름으로 기도드렸습니다, ㅇㅇ!"

⑧ 닮은 꼴, 모양을 말합니다. 하나님께서 사람을 하나님 ㅇㅇ대로 만드셨다고 배웠죠? 모르겠다면 1과를 찾아보세요!

⑩ 한창 무더운 계절에 수업을 쉬는 일을 말합니다. 물론 고등학생들 중에는 보충수업을 하는 경우도 있지만, 그래도 가장 기다려지는 시간이죠? 교회에서는 이 시기에 맞춰 수련회를 가니까 우리 함께해요!

⑫ 하나님의 말씀을 기록한 책. 영어로는 'Bible' 이라고 하죠? 주로 검정색 가죽 표지에 빽빽한 글씨를 자랑합니다. 총 66권으로 이루어져 있다죠?

⑬ 입양해서 아들로 삼은 사람을 말합니다. 하나님께서 우리는 이것 삼으셨기에, 우린 하나님을 "아버지" 라고 부를 수 있어요.

⑮ '초롱이' 라는 별명을 가진 국가대표 축구선수. 네덜란드 아인드호벤을 거쳐 영국 프리미어리그 토튼햄에서 뛰고 있죠?

⑯ 구원자, 구세주와 비슷한 단어. 죄로 죽어 있던 우리를 구원해주신 예수님을 가리키는 말이죠. 누가복음 2장 11절에 이 단어가 등장합니다.

⑱ 바늘처럼 뾰족하게 돋아난 것. 아무리 예쁜 장미라도 함부로 만져선 안 돼요! 이것을 숨기고 있을 테니까요!

①선	악	과		②그	리	스	③도	
지				루			토	
④자	⑤유			터		⑥마	리	⑦아
	노		⑧형	기		태		멘
	윤		상		⑨축	복		
⑩여	호	와				⑪음	⑫성	
름					⑬양		⑭경	⑮이
방		⑯구		⑰십	자	⑱가		영
⑲학	생	주	임			⑳시	간	표